SAINT MARCEL

MARTYR, APOTRE DU CHALONNAIS,

ET

SAINT AGRICOL

Confesseur, Évêque de Chalon-sur-Saône,

Par l'Abbé C. F. BUGNIOT.

DÉDIÉ A M. L'ABBÉ **ROBERT**, CURÉ DE SAINT-MARCEL.

Memento dierum antiquorum....
Interroga majores tuos, et dicent tibi.

Souvenez-vous des jours anciens....
Interrogez vos ancêtres, et ils vous
répondront.

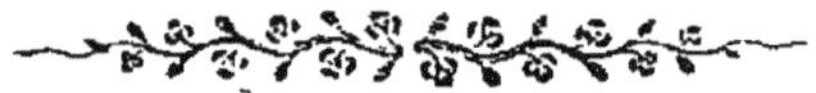

CHALON-SUR-SAONE,

MULCEY, LIBRAIRE-ÉDITEUR,

Acquéreur des anciennes Librairies Fouque, Dejussieu et Gouy.

(Se vend au profit de l'Église de Saint-Marcel.)

1862

A M. L'ABBÉ ROBERT,

CURÉ DE SAINT-MARCEL,

HOMMAGE.

Son tout dévoué et très-affectionné confrère,

L'Abbé C. F. BUGNIOT.

Fᴿᴇ́ᴅᴇ́ʀɪᴄ-Gᴀʙʀɪᴇʟ-Mᴀʀɪᴇ-Fʀᴀɴçois DE MARGUERYE,
par la miséricorde divine et la grâce du Saint-Siège
apostolique, Évêque d'Autun, Chalon et Mâcon, Prélat
assistant au trône pontifical , etc.

Nous avons fait examiner par un de nos vicaires-géné-
raux l'opuscule ayant pour titre : *Saint Marcel, martyr,
apôtre du Chalonnais, et saint Agricol, confesseur, Évêque
de Chalon-sur-Saône*, rédigé par M. l'abbé Bugniot, au-
mônier de notre Pensionnat ecclésiastique de Chalon ; et
sur le rapport favorable qui nous en a été fait, nous l'avons
approuvé et nous en avons autorisé l'impression. La lecture de ces pages pleines d'intérêt contribuera, nous en
avons la confiance, à faire honorer de plus en plus les
illustres amis de Dieu dont elles redisent les vertus et la
gloire.

Donné à Autun, le 21 août 1862.

† FRÉDÉRIC, Évêque d'Autun, Chalon et Mâcon.

AUX PIEUX FIDÈLES.

« Les oracles sacrés et la tradition de nos
» pères nous ont appris, nos très-chers Frères,
» combien doit être cher et vénérable à tout
» cœur vraiment chrétien le culte si fécond en
» miracles qui fut rendu dans tous les siècles
» à la dépouille mortelle des grands élus de
» Dieu, culte de respect et d'amour, de béné-
» diction et de confiance, inspiré par les plus
» nobles et les plus doux sentiments, consacré
» par les enseignements de la foi. En même
» temps qu'il est la réalisation de la parole du
» roi-prophète : *louez le Seigneur dans ses saints*,
» il est pour l'âme fidèle la source des plus
» suaves émotions, des élans les plus généreux.
» Nous venons aujourd'hui avec bonheur,

» nos très-chers Frères, vous annoncer l'in-
» tention où nous sommes de célébrer, cette
» année, la translation des reliques du saint
» athlète de la foi qui apporta à nos ancêtres
» le flambeau de l'Évangile, et du grand évêque
» qui fut l'une des plus brillantes gloires de
» l'église fondée par ce généreux martyr. Marcel
» et Agricol, quels souvenirs pour les fidèles
» de l'antique diocèse de Chalon ! Marcel et
» Valérien délivrés de leurs chaînes par un
» ange du Seigneur, sortant à sa voix de la
» prison où les avait jetés le persécuteur de
» l'Église naissante de Lyon, et venant rendre
» témoignage à Jésus-Christ, d'abord par leur
» parole et leur sainteté, puis par l'effusion de
» leur sang, au milieu des populations idolâtres
» de Chalon et de Tournus ; quel ravissant
» épisode dans nos saintes annales, quelle
» glorieuse origine des chrétientés de vos con-
» trées ! Agricole, pasteur béni du peuple
» évangélisé par le bienheureux Marcel, et plus
» illustre encore par sa piété et sa mortification,

» par ses lumières et son zèle, que par la splen-
» deur de sa naissance, quelle perle étincelante
» dans le diadème de l'Église chalonnaise [1] »

Vous trouverez dans cet opuscule, que j'ai écrit pour vous, le détail de tous ces augustes et intéressants souvenirs. J'ai puisé mon récit aux sources les plus recommandables par leur antiquité et leur véracité ; j'ai suivi pas à pas les *actes* de saint Marcel et ceux de saint Valérien, *actes* qui sont au nombre des monuments les plus importants de notre histoire primordiale ; j'ai eu sous les yeux les procès-verbaux parfaitement authentiques des principales visites canoniques des restes de saint Marcel et de saint Agricole [2]. Mais ce qui donne quelque prix à ce petit travail, le titre qui le recommande à ses lecteurs, c'est qu'il a été soigneusement

[1] Lettre pastorale de Mgr l'Évêque d'Autun, Chalon et Mâcon, n° 97.

[2] Ces procès-verbaux sont déposés dans les archives de l'église de Saint-Marcel. Ils m'ont été communiqués avec la plus parfaite obligeance par l'excellent pasteur de cette paroisse.

examiné et scrupuleusement discuté par l'un
des plus éminents hagiographes de France,
M. l'abbé Bouange, vicaire-général d'Autun et
archidiacre de Chalon. Après avoir lu quelques
feuilles de mes deux notices, revues, corrigées
et annotées par son docte vicaire-général, Monseigneur de Marguerye daignait m'adresser les
lignes suivantes : « Je vous renvoie vos deux
» notices, mon cher abbé ; j'en ai été très-
» content, et cette petite publication sera très-
» utile à l'approche de la fête de Saint-Marcel.
» Continuez ces travaux intéressants et comptez
» sur toute mon approbation [3]. » Ces paternels
encouragements d'un prélat aussi remarquable
par son immense bonté que par son ardente
piété, sont ma meilleure et ma plus précieuse
récompense.

L'abbé C. F. BUGNIOT.

Chalon-sur-Saône, en la fête de la glorieuse Assomption de la
Très-Sainte-Vierge, 15 août 1862.

[3] Lettre du 12 août 1862.

S^T MARCEL ET S^T VALÉRIEN.

LEUR APOSTOLAT ET LEUR MARTYRE.

Vers la fin du second siècle de notre ère, l'an 177, Marc-Aurèle régnant à Rome, un nouvel édit de persécution fut porté contre les chrétiens. Les proconsuls et leurs lieutenants, les gouverneurs et les préfets des provinces, dans le but de montrer leur obéissance à César, de satisfaire leur haine pour les disciples du Christ et de flatter les cruels instincts d'un peuple sacrilège, exécutaient ces ordonnances avec la plus implacable rigueur. Dans toutes les cités, les magistrats faisaient couler avec une animosité sauvage le sang des pieux fidèles.

Or, en ce temps-là, cinquante personnes de la plus haute distinction, appartenant à la famille chrétienne, étaient détenues à Lyon, dans le lieu réservé aux esclaves; on les destinait à de cruels supplices[1]. Au nombre de ces glorieux confesseurs de la foi étaient le prêtre [2] Marcel et le diacre Valérien. Unis par les liens du sang, ils étaient appelés à partager les mêmes travaux, les mêmes combats et la même gloire [3] ; mais voici que, dans le silence de la nuit, un ange vient leur ouvrir les portes de leur cachot, et, par son ordre, ils s'empressèrent de se dérober aux recherches de leurs persécuteurs. A peine fut-on informé de leur évasion qu'on se mit à leur poursuite. Mais Dieu, qui les dirigeait dans leur fuite, les empêcha de tomber aux mains de leurs ennemis. Valérien prit la voie militaire, qui longeait la rive droite de la Saône, et ne s'arrêta qu'à Tournus. Marcel, au contraire, s'enfonça dans les forêts de la rive gauche, et se

---

[1] On choisit pour les juger et les frapper de mort le mois d'août, époque des jeux institués par Caligula. En ce moment, tous les beaux esprits de la Gaule se rendaient à Lyon pour y disputer entre eux le prix d'éloquence et de poésie. C'était l'anniversaire du jour où soixante villes gauloises élevèrent un autel en l'honneur de Rome et d'Auguste.

[2] Martyr. Gall.

[3] Quelques auteurs prétendent qu'ils étaient frères, ou tout au moins parents, car Grégoire de Tours les dit *sanguine et agone propinqui.* D'autres , notamment D. Baillet, crurent qu'il ne s'agit ici que d'une parenté de martyrs. (GRÉGOIRE DE TOURS, *de Glor. Mart.*, c. 54.)

dirigea vers le pays des Séquanais [1]. Partout sur son passage il annonçait l'Évangile et gagnait des âmes à Jésus-Christ.

SAINT MARCEL. — Comme les premiers disciples du Sauveur, Marcel ne possédait rien ; il s'en allait par le monde, laissant tomber de ses lèvres la vérité qui civilise et qui sanctifie, et ne demandant, en échange de ce bienfait, qu'un peu de pain pour sa nourriture, quelques vêtements pour se couvrir et une petite place sous un toit pour reposer. Nulle porte ne se fermait devant lui ; partout on l'accueillait avec respect et distinction. Parmi ceux qui lui accordèrent une généreuse hospitalité, l'histoire cite Lationus [2]. C'était un païen plein d'ardeur pour le culte de ses dieux. Il avait fait ériger dans le vestibule d'honneur de sa maison, la statue équestre de Mars et celles de Mercure et de Minerve, et il leur rendait de fréquents hommages. L'âme de Marcel fut saisie d'une indicible tristesse à la vue de cet égarement. Il engage son hôte à aban-

----

[1] Séquanais, maintenant les Francs-Comtois. Le village de Saint-Marcel faisait autrefois partie de la Séquanie ou Franche-Comté, dont le territoire s'étendait de Porentruy à la rive gauche de la Saône. Les ducs de Bourgogne respectèrent cette limite jusque vers l'année 1197.

[2] Le martyrologe gallican met au nombre des saints Lationus, que certains auteurs nomment Latimus.

donner cette vaine et misérable superstition ; il lui représente avec une très-grande douceur, mais aussi avec la puissance d'un savoir profond, que ces images muettes ou ces pierres inanimées ne peuvent rien accorder à ceux qui les prient, ni exaucer les vœux qui leur sont adressés ; il termine en disant que l'on est aussi dénué de sens que ces statues elles-mêmes lorsqu'on leur attribue quelque supériorité sur soi-même. Cette grande leçon eut, dit-on, tellement d'efficacité, que bientôt elle amena à la pratique de la vraie religion Lationus et sa famille entière. Tous demandèrent le baptême et furent régénérés par l'eau sainte.

Mais, pendant que Marcel exerçait son zèle en ce lieu et travaillait à la conversion d'autres âmes, il apprit que les édits de persécution étaient rigoureusement exécutés dans tout le pays, et notamment dans la ville voisine, à Chalon-sur-Saône. Il jugea donc prudent d'éviter cette cité et de traverser la Saône sur quelque point peu fréquenté [1]. Après avoir franchi la rivière, le serviteur de Dieu se

---

[1] Où nos historiens ont-ils donc lu que le martyr entra dans la ville de Chalon et s'y fit remarquer par ses prédications ? Les actes n'en font nullement mention ; au contraire, ils me semblent dire positivement que Marcel évita la cité chalonnaise.

dirigea vers Argentomagus [1]. Il cheminait depuis quelque temps, lorsqu'il arriva devant la maison de Priscus, le gouverneur de la province, le préfet des bateliers de la Saône. Celui-ci préparait un sacrifice et un festin en l'honneur de ses dieux. A peine a-t-il aperçu ce voyageur inconnu, qui marche à pas pressés, qu'il l'invite courtoisement à prendre part au repas et aux fêtes qui se préparent. Mais Marcel, le témoin du Christ, refuse de toucher à ces mets offerts à des divinités païennes. N'écoutant que son zèle et insoucieux du danger qui le menace, il aborde résolument les convives et leur adresse de sévères réprimandes. On l'interroge; il répond hardiment : « Je suis chrétien ! » Cette profession de foi exaspère l'assemblée et provoque

[1] Argentomagus ou Argentomagensis agger était, selon quelques auteurs, un lieu fortifié sur la rive droite de la Saône, du côté de Crissey. Peut-être, disent les Bollandistes, est-ce la route d'Argilly, ancienne ville des ducs de Bourgogne, à cinq heures de Chalon, en suivant la direction de Dijon... « Marcel, écrit le P. Perry, se retira » dans un village, où il avoit une forteresse qu'on appeloit » en latin *Argenteomagensis agger*. Je ne sçay pas où a esté » cette forte place, si ce n'est au mesme lieu où nostre » saint souffrit le martyre. Il a esté depuis appelé Hubi- » liacus, et porte à présent le nom de Saint-Marcel, à cause » de l'abbaye que le roi Gontran fit bastir à cet invincible » martyr, au lieu où il souffrit le martyre. » (PERRY, page 217.)

un grand tumulte. Aussitôt le cruel gouverneur condamne l'étranger à subir des tortures de récente invention. On courbe jusqu'à terre les branches d'un arbre, on y attache Marcel, puis on les laisse reprendre leur direction naturelle. Soudain elles se redressent avec violence et disloquent avec d'horribles souffrances les membres du serviteur de Dieu.

« Heureux Marcel, dit un vieux légendaire, de
» souffrir sur le bois, à l'exemple du Christ, et
» de pouvoir unir sa passion à celle du Rédempteur,
» qui voulut mourir sur la croix, afin que, comme
» le crime était venu d'un arbre, l'expiation en
» sortît également. »

Tandis que le corps du martyr frissonnait d'un froid mortel, son âme brûlait d'une foi vive. Sa constance est inébranlable ; il persiste à s'avouer le disciple de Jésus. Alors Priscus, jugeant plus convenable de le punir en présence du peuple, après avoir fait annoncer les tortures qu'il lui réserve, le fait amener devant son tribunal et lui dit : « Marcel,
» je sais ton nom et tes erreurs. Il existe depuis
» longtemps divers édits de notre très-auguste
» Empereur, qui ordonnent de mettre à mort
» quiconque refuse d'adorer la puissance suprême
» des dieux, Saturne leur père, le tout-puissant
» Jupiter, leurs enfants et leurs proches. Que si
» tu refuses d'obéir, tu seras puni par d'effroyables
» supplices. »

« — Les dieux que tu nommes, répond Marcel,
» n'ont été que des mortels souillés de crimes,
» frappés depuis longtemps par le trépas, et main-
» tenant ils souffrent sans doute, ensevelis dans les
» enfers. Quiconque croit en eux, subira le dernier
» et redoutable jugement du Dieu de qui toute
» puissance émane, qui a été avant tous les siècles,
» qui est et qui sera. — Je suis chrétien ; d'une
» voix libre et inflexible, je déclare croire au Christ,
» Fils de Dieu, égal au Père, Créateur du ciel,
» de la terre, de la mer et de tout ce qui existe. »

A ces mots, Priscus, frémissant de colère, livre
aux bourreaux le saint Martyr pour qu'ils le torturent
sans pitié ! Il le fait conduire devant les idoles qui
sont dans la ville ; et là, sous les yeux de la mul-
titude des payens, et conformément aux caprices
de leur fureur insensée, on le condamne à endurer
des tourments variés. On le mène d'abord devant
une statue de Saturne, élevée sur les bords de la
Saône. On l'étend sur un chevalet ; on le frappe à
coups redoublés ; le sang ruisselle ; les chairs se
détachent par lambeaux sous les verges cruelles.
De là, on l'entraîne à la porte séquanaise, devant
l'image du Soleil, idole principale de la contrée [1].

---

[1] D'après le manuscrit d'Acey, la statue de Saturne
était sur la rive droite de la Saône, celle du Soleil sur la

Enfin, toujours par l'ordre du préfet, on l'emmène dans un *atrium* [1] sacré, vers une statue [2] placée au faîte d'une haute colonne [3]. Il ne changeait de place que pour rencontrer de nouvelles tortures.

rive gauche. « La statue du Soleil, écrit Perry, estoit
» nichée au-dedans des murailles de la porte qu'on
» nommoit des Séquanois, et d'où l'on va encore aujour-
» d'huy en la Franche-Comté, et pouvoit estre au mesme
» lieu où est à présent la porte des Chavannes. » (PERRY,
page 18.)

[1] Cour intérieure. Suivant les actes., cet *atrium* était à deux milles de la cité : ce qui a permis à certains auteurs de le placer *au bout de la planche du lac des Orlans.*

[2] Cette idole était en verre, *olovitrea.* (Voir *Hist. de Tournus.*)

[3] D'après l'érudit président de la Société d'Histoire et d'Archéologie de notre ville, M. Marcel Canat, c'était la statue du dieu Bacon, divinité spéciale à Chalon-sur-Saône. Il appuie son assertion sur une inscription qui a été récemment découverte. « Il existe, ajoute-il, sur le parvis
» de l'église de Saint-Marcel, une moitié de colonne antique,
» placée debout et supportant une statue de la Vierge; près de
» là, dans la cour de l'ancien couvent, on voit la seconde
» partie de cette colonne. Je crois, et j'ai pour cela d'ex-
» cellentes raisons, que ce fût était celui que surmontait
» l'idole de Bacon. Au XVIe siècle, on le croyait déjà,
» car Saint-Julien de Balleure rapporte (*Orig. des Bourg.*,
» p. 419), que la tradition lui donnait, de son temps,
» une origine semblable à celle que je lui attribue. »
(*Mém. de la Société d'Hist. et d'Arch. de Chalon-sur-Saône,*
tome III.)

Là, ses membres, distendus par les chevalets et déchirés par les chaînes de fer, sont soumis à l'horrible supplice du feu. Mais le généreux athlète conservait en son cœur la pensée de Jésus-Christ, mais la grâce soutenait son courage. La foi l'emportait sur les tourments imaginés par le persécuteur. On presse Marcel de sacrifier aux dieux ; sa réponse est invariable : « Comment pourrais-je,
» s'écrie-t-il, adorer des objets privés de sentiment
» ou des simulacres de démons, après avoir reçu
» dans ma poitrine le Dieu vivant? Je dois plutôt
» suivre les exemples des apôtres, et, comme les
» martyrs mes amis et mes devanciers, soutenir
» une glorieuse lutte. Et si j'ai été un instant séparé
» de mes vaillants frères d'armes, je veux au moins
» leur être uni à jamais par la foi et l'amour de
» mon Dieu. »

Par un effet de la grâce divine, le courage et l'ardeur de Marcel grandissaient au milieu des supplices. Cette constance irrite l'impie gouverneur ; il entre dans une fureur extrême et ordonne que le serviteur de Dieu soit immédiatement enterré jusqu'à la ceinture, tout vivant et debout. Qui dira les effroyables souffrances que le Martyr dut supporter ! Qui pourra se représenter les tortures de cette agonie de trois jours ! Et cependant aucune plainte ne s'échappe de son cœur ; il prie, heureux de penser qu'il va rejoindre ses frères , que les persécuteurs ont frappés dans la cité de Lyon. Le 4 septembre de l'an 179 , son âme allait jouir de la gloire promise par le Seigneur à celui qui a bien combattu [1].

Saint Valérien. — Il y avait environ dix jours que Marcel était mort, lorsque Priscus résolut de descendre à Lyon. Il s'embarqua sur la Saône avec une partie de son escorte , tandis que le reste du cortège suivait la voie romaine. Il arriva à Tournus dans la soirée [2]. Les payens s'empressent de venir lui rendre leurs hommages , comme au gouverneur de la province. Priscus leur raconte dans tous ses détails le trépas de Marcel. A peine a-t-il terminé son

---

[1] « Tous les martyrologes , dit Perry , parlent de luy à » ce jour fort honorablement. L'abbaye, depuis bastie en » son honneur , est au même lieu où il souffrit le martyre. On croit que sa prison fut dans l'enclos d'une » maison du chapitre de Saint-Vincent. Il n'y a pas fort » longtemps qu'on en voyait encore quelques restes. » C'est une croyance généralement répandue et pieusement conservée , que Marcel expira à l'endroit où s'ouvre le puits que l'on voit dans la chapelle moderne , construite sur le flanc méridional de l'église.

[2] « Le magazin des vivres destinez pour la subsistance » des troupes romaines , écrit Perry , estoit estably à » Tournus. Aussi estoit-ce un lieu très-propre pour esta- » blir des estappes pour le passage des gens de guerre. »

récit, que ses auditeurs lui dénoncent la présence de Valérien dans leur pays. Ils rapportent que le serviteur de Dieu habite près de là une petite cabane, à l'écart ; ils ajoutent que ses vertus ont déjà fait de nombreux prosélytes. Le cruel gouverneur passe une nuit sans sommeil. Le lendemain, dès l'aube, il prescrit qu'on lui amène le frère et le compagnon de Marcel. Les satellites, dirigés dans leurs recherches, ont bientôt découvert l'humble cellule de Valérien. Celui-ci les invite à entrer dans sa demeure et leur offre, avec sa charité habituelle, une cordiale hospitalité. Dès qu'il avait aperçu ces hommes, le serviteur de Dieu avait fait le signe de la croix, comme pour appeler sur leur visite les bénédictions du Seigneur. Une croix est appendue aux murailles nues de la pauvre cabane. Les envoyés de Priscus se saisissent de Valérien et le chargent de lourdes chaînes. « Quel est, lui de-
» mandent-ils, le signe que tu as tracé sur ta
» personne à notre approche ? Comment nommes-tu
» ce singulier ornement qui décore ces murs ? »

« — C'est le signe du salut, répond le martyr,
» c'est l'image de la croix sur laquelle le Seigneur du
» ciel et de la terre, le Fils de Dieu, le Christ, qui
» règne avec le Père et l'Esprit saint, qui était
» avant les siècles et qui sera toujours, nous a
» rachetés par sa Passion de la mort éternelle et

» nous a mérité l'immortelle félicité des cieux. » —
« Tu es donc réellement le compagnon de Marcel,
» reprennent les émissaires du préfet; tu te déclares
» chrétien. » — « Oui, je suis le compagnon de
» Marcel, et je déclare que je suis chrétien; je veux
» vivre et mourir dans ma croyance. »

Cependant on charge de chaînes le Saint et on
lui attache les mains derrière le dos, comme à un
insigne malfaiteur. Il est traîné en cet état devant
le tribunal de Priscus. Celui-ci, fixant sur le martyr
un regard faux, dans lequel étincelait la rage d'une
bête féroce, l'apostropha en ces termes : « Tu es
» sans doute ce Valérien qui prêche le nom du
» Christ et qui s'expose ainsi à une mort certaine.
» Ne sais-tu pas le sort de ton ami Marcel, abusé
» par la même erreur? Conserve ta vie en honorant
» les dieux immortels. Reconnais ces divinités que
» les édits sacrés de l'Empereur ordonnent d'adorer.
» Nos ancêtres les ont vues; nous vénérons leurs
» saintes images, et maintenant tous ces dieux
» règnent dans les cieux. Prosterne - toi donc
» devant Jupiter tout-puissant, Junon son épouse
» et sa sœur, Vénus sa fille, Vulcain et Mars,
» frère et époux de Vénus; sacrifie à ces divinités,
» ou je t'infligerai des supplices bien autrement
» terribles que ceux que j'ai fait subir à Marcel, ton
» collègue. — Cet appareil qui t'environne, répond

» Valérien, me montre que tu es gouverneur et
» juge de ces provinces. Mais les erreurs du paga-
» nisme te rendent ignorant. Quelles sont ces divi-
» nités que tu viens de nommer ? Tu appelles dieux
» d'infâmes incestueux qui ont été maris de leurs
» propres sœurs ! Tu appelles dieux des êtres qui
» ont commis des crimes épouvantables ! Mais tu
» as donc oublié que les lois punissent l'inceste !
» Tu prétends que ces crimes pour lesquels l'homme
» serait infailliblement condamné, méritent nos
» hommages quand ils sont accomplis par les
» dieux ? Mais tu te contredis toi-même. Tu me
» menaces des châtiments que mon bienheureux
» frère Marcel a endurés. Que n'as-tu plutôt été
» vaincu par son courage ! Au lieu de parler si
» indignement de la divinité, tu adorerais le Dieu
» du ciel et de la terre, créateur et souverain
» maître de l'univers, ce Dieu, innocente victime,
» qui, par sa mort, nous a délivrés de la damna-
» tion éternelle, et qui, par sa glorieuse résurrection,
» nous a donné l'assurance de posséder un jour le
» paradis. Son règne n'aura point de fin, comme
» il n'a point eu de commencement. Il est le vrai
» Dieu ; on ne le trouve ni dans le métal, ni dans
» la pierre, mais dans le temple de la foi et dans
» le sein de l'éternelle félicité. »

« Eh quoi ! réplique le gouverneur irrité, tu n'es

» pas effrayé de tous ces préparatifs que tu con-
» temples ! Tu me réponds par de vaines rêveries ;
» on dirait que tu veux juger ton juge. A l'œuvre
» donc ; nous allons voir quels sont les plus puis-
» sants de nos dieux ou du tien. Nous le verrons
» bien, s'écrie Valérien ; les tourments dont tu me
» menaces ont-ils ébranlé le courage de mes
» compagnons ? »

Soudain le barbare Priscus ordonne que le saint confesseur soit attaché à un poteau et déchiré avec des ongles de fer. Comme Valérien, soutenu par la grâce du Christ, semblait ne pas souffrir de cette affreuse torture et louait Dieu sans cesse, le féroce tyran, se voyant vaincu et craignant qu'une constance si merveilleuse n'attirât à la religion chrétienne quelques-uns des spectateurs, condamne Valérien à avoir la tête tranchée. Arrivé au lieu du supplice, le martyr s'agenouille, prie avec une grande ferveur, et, imitant la générosité de son modèle, le glorieux saint Etienne, il implore de Dieu le pardon de ses bourreaux. On vit apparaître alors dans les splendeurs du firmament le premier diacre tenant une couronne et la présentant à Valérien au nom du rémunérateur suprême. Au même instant, le bourreau frappa cette tête vénérable, et le vaillant athlète de Jésus-Christ alla recevoir le prix réservé au vainqueur ! Il fut mis à mort dans le lieu que sa mémoire, son nom, son culte et ses précieux restes ont pour jamais consacré [1].

CULTE DE SAINT-MARCEL.

Quelques années s'étaient à peine écoulées depuis le martyre de saint Marcel, et déjà les fidèles d'Hubiliacus lui érigeaient un modeste oratoire [2]. Chaque année sa fête s'y célébrait avec une grande solennité [3]. L'absence de documents sur les quatre siècles qui suivent nous laisse dans l'ignorance la plus

[1] 17 septembre 179. Le P. Giry raconte, dans sa Vie des saints, que Valérien se rendit à Chalon auprès de Marcel, et qu'il y endura le martyre. Ce fait est inexact; Valérien fut immolé à Tournus; les nombreux auteurs dont j'ai parcouru les ouvrages n'émettent pas le moindre doute à ce sujet.

[2] Cette chapelle, disent certains auteurs, était sous le vocable de Saint-Pierre. Saint-Julien de Balleure prétend qu'elle était antérieure à l'arrivée de Marcel dans ce pays. L'abbaye qui porta son nom fut mise aussi sous le patronage de Saint-Pierre.

[3] Grég. de Tours, Hist. fr., 9, 3.

complète relativement aux hommages publics rendus alors à l'apôtre du Chalonnais. Nous pouvons cependant conjecturer de quelle vénération sa mémoire était entourée, puisque nous voyons un roi de Bourgogne, Gontran, choisir le lieu même où Marcel avait été martyrisé pour y construire en son honneur une somptueuse basilique.

La peste, la guerre civile avaient successivement dévasté la Bourgogne. La vie de Gontran n'avait pas été exempte de fautes [1]. Aussi regardait-il comme des châtiments de la Providence les fléaux qui étaient venus s'abattre sur son peuple. Il résolut donc de recourir à saint Marcel, dont il croyait avoir obtenu un puissant secours dans une grave circonstance. Gontran assistait à l'office divin le jour de la fête du martyr. Au moment de la communion, tandis qu'il s'approchait du prêtre pour recevoir le corps de Jésus-Christ, un assassin s'était avancé pour le frapper. C'était un envoyé de Frédégonde, la reine de Soissons. Mais l'arme fatale était tombée des mains du meurtrier. Le roi était convaincu qu'il n'avait échappé à ce péril imminent que par la protection de saint Marcel. Ces différents

---

[1] « Les commencements de sa vie, écrit Perry, ont esté » assez honteux ; mais il en a effacé les taches par une » sainte pénitence et grande quantité d'aumônes. » Page 51.

motifs le déterminèrent à bâtir une église qui serait dédiée à son glorieux protecteur. Gontran avait environ cinquante ans quand il réalisa ce pieux projet. Le monument devait être digne de la munificence royale qui l'avait fait élever. Frédégaire se contente dé deux mots pour le décrire : *mirifice et solerter ;* dans cette basilique, l'élégance et la grâce le disputaient à la richesse et à l'ornementation. D'après les ordres du roi de Bourgogne, les ouvriers les plus habiles firent une superbe châsse d'argent, recouverte d'une lame d'or fort épaisse et embellie des pierreries les plus fines ; elle était destinée à renfermer les ossements sacrés de Marcel. Il fit encore fabriquer un ciborium, d'une grandeur prodigieuse et d'une beauté extraordinaire ; il avait l'intention de l'envoyer à Jérusalem, pour l'offrir au saint sépulcre. Mais, craignant qu'il ne vînt à se perdre dans un voyage si long et si périlleux, il ordonna de le placer sur la châsse de l'apôtre vénéré des Chalonnais. « Et tandis qu'il en fut » enrichy, dit Perry, il n'y avoit point en France » une si belle pièce, et qui luy put estre pareille [1]. »

---

[1] Le ciborium couronnait les autels des basiliques romaines et bysantines : c'était un baldaquin fait en forme de coupe renversée ou de dôme. Guillaume, abbé de

Lorsque l'église fut achevée, c'est-à-dire vers l'an 577, Gontran ordonna que l'on construisît tout auprès une abbaye. « Voulant, dit-il, expier nos
» fautes, et voyant avec douleur que, par suite de
» l'avidité insatiable des princes, de la négligence
» et de l'incurie des prélats, les édifices consacrés
» au service divin sont, hélas! dans un état déplo-
» rable, ce qui est pour nous un grand sujet
» d'affliction ; et toutefois nous reconnaissant
» incapable de réparer tant de maux, selon notre
» désir, nous voulons du moins, pour ne pas
» retourner les mains vides dans la demeure de
» l'Éternité, accorder à une église, à celle que
» Dieu nous a donné de bâtir en l'honneur du très-
» glorieux Marcel, martyr de Chalon, de grands
» et riches domaines, et la maison d'un monastère
» de réguliers. » Tous les serfs de ses vastes pos-
sessions sont convoqués pour travailler à l'érection du monastère ; Gergy, Al;Allériot, Mercurey, Chenôves, Rosey, Bragny, Fragnes, Fleurey-sur-Ouche et plusieurs autres villages viennent successivement s'acquitter de la tâche qui leur est confiée par la

Saint-Marcel, vendit, avec d'autres riches ornements, celui que Gontran avait donné, et le prix fut employé au soulagement des malheureux pendant une famine qui affligea la Bourgogne en 1030.

charte royale [1]. L'abbaye construite, on y établit la psalmodie perpétuelle [2], et on adopta la règle d'Agaune. En 585, un concile, tenu à Valence, décida que jamais pouvoir royal ou épiscopal ne pourrait enlever ou amoindrir le patrimoine de saint Marcel, sous peine d'être sacrilège et assassin des pauvres.

Il y avait trente-trois ans que Gontran régnait, lorsque *la mort, qui ne considère non plus les testes couronnées que le menu peuple, et qui brise aussi aisément un sceptre qu'une besche* [3], l'enleva de ce monde le vingt-huitième jour du mois de mars de l'an 593. Le roi de Bourgogne mourut à Chalon, sa résidence préférée, la capitale réelle de ses états ; selon ses ordres, il fut enterré dans l'église de Saint-Marcel. On lui érigea un splendide mausolée [4].

---

[1] Voir ce curieux document dans la remarquable notice historique et archéologique sur l'église et l'abbaye de Saint-Marcel, par M. l'abbé Cazet, actuellement archiprêtre de Chagny. (Mém. de la Société d'Hist. et d'Arch. de Chalon-sur-Saône, 1er vol.)

[2] *Laus perennis.*

[3] Réflexions du P. PERRY, page 45.

[4] Son tombeau était presque entièrement ruiné, lorsque, vers 1435, Jean Rolin, prieur de Saint-Marcel, lui éleva dans une chapelle de la même église un magnifique mausolée. Mais, dans le siècle suivant, les Huguenots ruiné-

Gontran se distingua par la magnificence de ses fondations. Il donna plusieurs riches domaines au monastère de Saint-Symphorien d'Autun et à celui de Saint-Bénigne de Dijon. Genève lui dut la belle église de Saint-Pierre, bâtie à la place d'un temple d'Apollon. On croit, avec assez de vraisemblance, qu'il fonda l'abbaye de Saint-Valérien à Tournus, après la guérison de Gallus, comte de Chalon. L'église de Mâcon eut aussi part à ses largesses. Il lui donna Romenay, et réunit à Saint-Vincent les abbayes de Saint-Clément, Saint-Étienne et Saint-Laurent, qui existaient dès le quatrième siècle [1]. Peu de rois furent aussi populaires. Il assistait ses sujets dans leurs maisons et s'asseyait à leur table. Ceux-ci l'environnaient d'amour et de vénération. On arrachait les franges de ses vêtements pour les appliquer aux malades; une femme guérit ainsi son fils d'une fièvre quarte. On lui amenait même des possédés, et saint Grégoire de Tours assure avoir été témoin du pouvoir qu'il avait sur eux. « C'estoit, écrit Perry, un prince d'une

rent le tombeau et la chapelle. Ils brisèrent et dissipèrent ce qui restait de ses os, à la réserve de son crâne, que l'on conservait naguère dans un chef d'argent. La statue de marbre que l'on voit encore à la porte de l'église de Saint-Marcel date de cette époque.

[1] *Légendaire d'Autun*, 1er v., p. 261.

» merveilleuse bonté et qui avoit d'excellentes
» qualitez. Il a eu de grands vices, mais ses vertus
» ne les ont pas seulement égalez, elles les ont
» surpassez de beaucoup. La France fit une perte
» signalée à sa mort. L'église perdit un puissant
» appui ; les évêques, un protecteur ; les pauvres,
» un père commun, et ses sujets, le meilleur des
» rois de la terre [1]. Il mérita d'être loué par saint
» Grégoire-le-Grand. » Il est mentionné dans les
martyrologes du vénérable Bède, d'Usuard et
d'Odon, d'où son nom a passé dans le martyrologe
romain et le martyrologe gallican. Une antique
inscription, qu'on voit encore dans l'église de Saint-
Marcel, nous apprend qu'on y avait érigé un autel
en son honneur. L'église de Chalon l'avait honoré
d'un culte public pendant de longs siècles ; le saint
Siège apostolique l'a étendu à tout le diocèse
d'Autun par le décret de 1856, qui a approuvé le
nouveau *Propre* de cette église.

De Gontran à Charlemagne nous ne trouvons
aucune mention du monastère de Saint-Marcel, ni
de son église. Durant cette période, les Sarrasins
se répandirent dans la Bourgogne, où ils prome-
nèrent le fer et le feu. Le monastère de Saint-Marcel
ne dut pas échapper à leur fureur impie. La veille

[1] PERRY, page 52.

des kalendes de mai, l'an seizième de son règne, Charlemagne, sur les réclamations de *Magnifique Hubert, évêque et prévôt de la basilique de Saint-Marcel, située près de la ville de Chalon-sur-Saône, et où repose le précieux corps du saint martyr,* renouvela les immunités que *les précédents rois ses devanciers, et même son seigneur et père d'heureuse mémoire, Pépin, ci-devant roi,* avaient octroyées au monastère.

Un religieux du IXe siècle nous apprend « que » saint Agricol avait été inhumé aux pieds de » saint Marcel, dont il n'était séparé que par un » mur. On avait bâti en cet endroit une belle » crypte, magnifiquement ornée, joignant le mur » extérieur de l'église. Elle était ornée de colonnes » et d'entablements de marbre, et sa hauteur » égalait celle de la basilique [1]. »

[1] Une plaque de marbre blanc sur laquelle est gravé un fragment d'inscription, a été trouvée en janvier 1852, dans l'église de Saint-Germain-du-Plain, où elle servait de pierre sacrée sur le maître-autel. Le docte Président de la Société d'Histoire et d'Archéologie de Chalon-sur-Saône a rétabli ainsi cette inscription : « Conditur hoc tumulo » bonæ memoriæ Jamlychus, episcopus, tempus deposi-» tionis quinta ante kalendas januarii, Gennadio, Avenio et » Valentiniano aug. VIII cons. » Les minces plaques de marbre dont était revêtu le tombeau de cet évêque de Chalcis figurèrent sans doute parmi ces tablettes dont on

L'année 885, l'empereur Charles-le-Gros , solli-cité par les chanoines de l'abbaye de Saint-Marcel , les honora d'une charte importante. « Autant pour » honorer l'illustre martyr , écrit-il , que pour » obtenir le pardon de nos fautes , nous avons » accordé une pleine confirmation à tous les pri-» vilèges dont jouissent les chanoines et aux divers » titres d'acquisition. » L'empereur concéda à leur église le droit d'asile jusqu'à la distance de deux milles , c'est-à-dire jusqu'à la Saône, du côté de Chalon.

De cette époque jusqu'au XIe siècle règne le silence le plus absolu sur la fondation de Gontran. Les Hongres portèrent le ravage dans ces contrées , brûlèrent le couvent et l'église de Saint-Marcel , prirent ce qu'ils purent emporter et détruisirent le reste. D'autres hommes non moins violents et ra-paces succédèrent à ces barbares et continuèrent leur œuvre de destruction. Lorsque la paix se réta-

orna les murs de la crypte de Saint-Marcel , et que la légende détermine si bien par ces mots : *Tabulis ornata marmoreis.* Plus tard , ces débris subirent une transfor-mation nouvelle et servirent à fabriquer des pierres d'autel ; et voilà pourquoi l'inscription funéraire d'un évêque de Chalcis a pu se retrouver dans un lieu voisin de l'abbaye de Saint-Marcel. (*Mém. de la Société d'Hist. et d'Arch.,* tome III , page 265. — Marcel CANAT.)

blit, on parla de relever les ruines du monastère.
Le comte Guilfroy, qui portait alors le titre d'abbé
de Saint-Marcel, comprenant qu'il ne pourrait subvenir à toutes ces dépenses, alla trouver saint Mayeul,
et fit cession de tous ses droits aux religieux de
Cluny. Ceux-ci acceptèrent. Dès-lors Saint-Marcel
devint un simple prieuré, annexé à Cluny et régi
par la règle de Saint-Benoît.

Le nombre des religieux était fixé à vingt-cinq;
on célébrait tous les jours trois grand'messes; il y
avait une aumône générale tous les dimanches de
l'année, et trois fois la semaine pendant l'Avent et
le Carême: chaque jour, les passants qui allaient
frapper à la porte du monastère, étaient sûrs de
trouver une place à la table et au foyer, et une
couche pour reposer en paix. Pendant huit siècles
le prieuré vécut, subissant les diverses influences
qui atteignent tout établissement humain. Pendant
huit siècles les hommes de la prière et de la sainte
pauvreté chantèrent tous les jours les louanges et
la gloire de Marcel, et firent bonne garde autour
de sa tombe. La Révolution passa comme un vent
d'orage; puis les chants, un moment interrompus,
recommencèrent, et aujourd'hui comme autrefois
le peuple fidèle se plaît à visiter les ossements de
l'apôtre martyr et à célébrer sa gloire devant sa
châsse bénie.

—

SAINT AGRICOL,

Huitième évêque de Chalon-sur-Saône.

Le sixième jour de mai, en l'an huit cent soixante-dix-neuf, l'évêque de Chalon, Girbold, accompagné de ses prêtres, se rendit à l'église de Saint-Marcel. Son but était de rechercher les corps glorieux de plusieurs serviteurs de Dieu, dont l'inhumation avait été faite dans la splendide basilique. Une crypte, autrefois belle et riche, maintenant presque ruinée, frappa ses regards. Elle renfermait un tombeau recouvert de marbre précieux ; une épitaphe rappelait combien était vénérable celui qui gîsait sous cette pierre funéraire. Les moines avaient négligé cette sépulture ; la pluie y pénétrait de tous côtés. Girbold, affligé de cette irrévérence, recueillit les saints ossements, les enveloppa de linges et les enferma dans une cassette. Le lendemain, il les porta sur l'autel de Saint-Pierre, où il célébra la messe, en présence du clergé et du peuple, transportés d'allégresse. Cette même année, le pape Jean VIII, persécuté par Lambert, duc de Spolète, était venu en France pour réclamer la protection de Louis-le-Bègue. A son retour de Troyes, où il avait sacré Louis au milieu d'un concile national, il passa par Chalon, et y séjourna vingt jours. Girbold conduisit le souverain pontife au monastère de Saint-Marcel ; et, à sa prière, Jean VIII, par un décret, ordonna de rendre aux saints évêques Sylvestre, Agricol, Flavie, Tranquille, Jean, Didier, Gratus, Vérain et au prêtre Désiré les honneurs réservés aux saints, et il voulut que leur fête fût désormais célébrée avec pompe. Le souvenir de cette canonisation a été gravé sur la pierre, afin de le transmettre aux générations à venir [1]. Le corps découvert dans la crypte fut reconnu pour être celui d'Agricol, huitième évêque de Chalon. Jean VIII le remit dans son sarcophage, et ordonna de le transporter auprès de l'autel de Saint-Pierre.

Agricol était né à la fin du Ve siècle ; il appartenait à une famille sénatoriale. « C'estoit, dit Perry, » un personnage de bonne façon et de grande » sagesse. » « Tout était grand en lui, ajoute » Grégoire de Tours, excepté la taille, qui était » fort petite. » Dieu lui avait accordé une rare prudence et l'avait fait éloquent. Si l'on en croit la plupart des auteurs, il contracta une étroite amitié

---

[1] On peut lire cette inscription dans un des côtés de l'église de Saint-Marcel.

avec le poète saint Fortunat, qui devint évêque de Poitiers.

Agricol succéda à Didier sur le siège épiscopal de Chalon. Cette haute dignité ne modifia en rien son régime austère et pénitent. Son jeûne était continuel, car jamais il ne prit d'autre repas que le souper, et il y restait très-peu de temps [1]. C'était comme une simple collation. Il était animé d'un zèle ardent pour la gloire de Dieu. Il éleva un grand nombre d'édifices, bâtit des maisons et construisit un temple soutenu par des colonnes, orné de marbres de diverses couleurs et de peintures en mosaïque [2]. A cette époque, les évêques de France se réunirent plusieurs fois en concile. Agricol se fit un devoir d'assister à ces augustes assemblées. A huit ans de distance, 541 et 549, il prit part à deux conciles dans la cité d'Orléans. De cette ville il se rendit en Auvergne, où l'on avait convoqué un nouveau concile pour y confirmer les décrets portés à Orléans ; il travailla de toutes ses forces au rétablissement des bonnes mœurs et au développement de la foi. On le vit encore au second concile de Paris, en 555, et deux ans plus tard au second concile de Lyon. Dans ces assemblées, pendant les

[1] Saint Grégoire de Tours.
[2] Idem.

différentes sessions, il se distingua par la lucidité de son esprit, la solidité de son jugement, et surtout l'éclat de sa parole.

Quatre vingt-trois ans blanchirent les vénérables cheveux d'Agricol, dit le P. Berthaut, quarante-huit ans furent employés dans son saint ministère ; il mourut le 17 mars 580. Les héroïques vertus du prélat lui attirèrent pendant sa vie la vénération de son peuple ; après sa mort, elles lui firent ériger des temples et des autels. On l'inhuma dans la basilique de Saint-Marcel. Au XVIIe siècle, on voyait encore son tombeau dans la chapelle dédiée à la Sainte-Vierge, à côté du grand autel. Son épitaphe fut composée par Fortunat, son illustre ami [1]. La tombe et l'épitaphe ont disparu, mais on possède encore ses restes sacrés. « Tous les martyrologes, écrit le » P. Berthaut, parlent de luy le dix-septième du

[1] Præsul honoris apex, generis, fideique cacumen,
  Cultor agri pollens, Pastor opime gregis ;
Cum mea terra manu meruit genitoris arari,
  Reddatur nati nomine culta sui.
Nam pater affectu dulci memorabilis orbi,
  Me vobiscum uno fovit amore duos.
Corde parens, pasta nutrix, bonus ore Magister,
  Dilexit, coluit, rexit, honesta dedit.
Ille pio studio sulcata novalia sevit,
  Quod pater effudit, hoc mihi semen ale.

» mois de mars ; l'église de Chalon fait la feste
» double ce jour-là, qui fut celuy de sa mort. »
« Les historiens de sa vie, continue l'auteur de
» l'Orbandale, remarquent un grand nombre de
» miracles qui furent faits par le mérite de c[e]
» grand serviteur de Dieu ; il me suffira d'en rap-
» porter un ; je l'ai extrait d'un vieux légendaire
» — Un nommé Salomon, natif de Touraine,
» aveugle depuis dix ans, receut en songe le con-
» seil de s'en aller en Bourgogne, où il trouveroi[t]
» un monastère basty à l'honneur de saint Marcel,
» et qu'incontinent qu'il se seroit humilié devan[t]
» le tombeau de saint Agricol, évesque de Chalon,
» il recouvrerait la veuë par l'intercession de c[e]
» grand sainct. Ce pauvre misérable, priué de[s]
» lumières du soleil, ne manqua point de suivr[e]
» celles de cette révélation et de se mettre e[n]
» chemin sous la conduite d'un sien parent, qu[i]
» portoit quelques cierges pour éclairer sur l[e]
» tombeau de celuy par l'intercession duquel [il]
» espéroit sa guérison, qui luy obtint n'étant enco[re]
» qu'à la moitié de son pèlerinage. De sorte qu[e]
» de ce moment ses yeux commencèrent à s'ouvri[r]
» et il arriva à son tombeau dans un recouvreme[nt]
» parfait de sa veuë. Il fut trois jours entiers au[x]
» pieds de cet illustre mausolée dans de cont[i-]
» nuelles actions de grâces d'un si grand bienfai[t]

» il raconta aux religieux de cette maison tout le
» détail et les circonstances de ce grand miracle,
» et l'on le vid retourner dans son pays sans avoir
» besoin d'aucun guide, et avec une satisfaction
» toute entière [1]. »

RELIQUES

DE SAINT MARCEL ET DE SAINT AGRICOL.

Saint Marcel. — De pieux fidèles recueillirent avec soin les restes précieux de Marcel et les conservèrent avec la plus vive sollicitude. On vint souvent s'agenouiller devant ces reliques bénies, et de nombreux miracles récompensèrent la foi profonde de ces âmes qui priaient avec une entière confiance. Pendant dix siècles, toutes les chartes que nous connaissons parlent du riche trésor, c'est-à-dire du corps glorieux de Marcel que possédait l'abbaye de ce nom. Protégées par Dieu, elles échappèrent aux dévastations des barbares, des Hongres et de tous ces fléaux que la Providence envoya si souvent pour châtier le monde. Maintes

Illustre **Orbandale**, tome II, p. 313.

fois elles furent exposées à la destruction ; toujours elles furent préservées.

Le cartulaire de l'église de Saint-Marcel renferme plusieurs procès-verbaux relatifs aux reliques de son saint patron. Le premier porte la date de 1498. Sous l'épiscopat d'André de Poupet, le chancelier Jehan Rolin fit don d'une châsse d'argent d'un riche travail, destinée à renfermer les ossements sacrés de l'apôtre du Chalonnais. On les tira de l'ancienne arche pour les placer dans la nouvelle. Cette cérémonie s'accomplit en présence d'un immense concours du clergé et du peuple.

Le second apprend qu'en l'année 1673, Jehan de Maupeou étant évêque de Chalon, on enleva de l'église Saint-Marcel la châsse d'argent posée sur le maître-autel pour la confier à un lieu plus sûr. La guerre venait d'éclater entre la France et l'Espagne ; on redoutait les fréquentes incursions de l'ennemi ; on voulut éviter que les restes du martyr fussent profanés. Avant que l'on transportât la châsse, elle fut ouverte et visitée avec un soin minutieux. « Nous avons trouvé dans cette châsse deux paquets
» de deux pieds de longueur à peu près, enveloppés
» d'une étoffe de soie écarlate et attachés avec trois
» épingles. Celui qui s'est trouvé à droite ou du
» côté de l'Évangile, portait une bandelette de par-
» chemin, qui y était attachée, sur laquelle étaient

» inscrits ces mots : *Corps de saint Marcel,*
» *martyr de Chalon.* Ayant ôté les épingles,
» nous avons déployé l'étoffe de soie. Nous avons
» remarqué qu'elle servait d'enveloppe à un sac
» de peau de brebis cousu avec du fil. L'ayant fait
» ouvrir, nous y avons trouvé une autre enveloppe
» en soie grise, brochée de fleurs rouges et jaunes,
» sur laquelle était une bande de parchemin où
» étaient inscrits, en caractères majuscules gothi-
» ques, ces mots : *Corps de saint Marcel, martyr*
» *de Chalon.* Ayant pareillement fait découdre
» cette autre enveloppe, nous avons reconnu une
» dernière enveloppe de toile de lin, triplée, mais
» usée de vétusté ; l'ayant fait ouvrir par l'un des
» angles, nous avons aperçu plusieurs ossements,
» qui remplissaient la totalité du sac de peau,
» duquel nous en avons extrait quelques parties,
» que nous avons mises à part pour servir à la
» consécration des autels... Nous avons fait re-
» coudre et rétablir l'enveloppe dans son premier
» état, avec les inscriptions qui indiquent la nature
» du dépôt... Nous avons placé les ossements dans
» une boîte de bois peinte au dehors, doublée en
» dedans de soie rouge, scellée de notre sceau et
» de celui du couvent [1]. »

---

[1] Extrait du cartulaire de l'église de Saint-Marcel.
Pendant les ravages que les Protestants exercèrent dans

Le troisième procès-verbal paraît également être celui de l'ouverture de la châsse de saint Marcel, sous l'épiscopat d'Henry-Félix de Tassy, qui occupait le siège de Chalon en l'an 1680.

Saint Agricol. — Saint Agricol avait été inhumé aux pieds de saint Marcel, dans une crypte magnifique. Au IXᵉ siècle, lorsque le pape Jean VIII le canonisa, on transporta auprès de l'autel de Saint-Pierre ses restes vénérables. A une époque que l'historien fidèle ne saurait préciser, les reliques de Marcel et d'Agricol furent placées dans une châsse commune. Cette réunion était effectuée en 1498, car nous voyons que les deux saints furent déposés dans la châsse précieuse offerte par le chancelier Rolin. Dans le procès-verbal de l'année 1673 on lit : « Nous avons trouvé dans cette châsse » deux paquets. Le premier renfermait les osse- » ments de saint Marcel ; il était placé du côté de » l'Évangile. Nous avons procédé à la reconnais- » sance de l'autre paquet ; il se trouvait du côté

l'abbaye de Saint-Marcel en 1562, la châsse d'argent avait été cachée dans les bois de Vèvre, près d'Épervans ; c'est ainsi qu'elle fut dérobée à leur fureur impie et sacrilège. Le père Giry, dans sa *Vie des Saints*, se trompe gravement lorsqu'il affirme que toutes les reliques de l'abbaye furent réduites en cendres et jetées au vent. Nos procès-verbaux sont authentiques.

de l'épître. Il était distingué, comme le premier, par une bande de parchemin, portant cette inscription : *Corps de saint Agricol, évêque de Chalon et confesseur,* attachée sur une enveloppe double de soie écarlate, contenant un sac de peau de brebis, auquel était attenant un morceau de soie rouge chargé d'une inscription en caractères gothiques. Ayant fait faire l'ouverture du sac, il s'est trouvé contenir une dernière enveloppe ou linceul de toile de lin triple, qui réunit, quoique séparément, *non tamen promiscue sed seorsum,* des ossements, de la cendre, un peu de charbon et des débris de cristal, *minutiis crystallis* ; le tout en plusieurs sachets remplissant le sac de peau. Les reliques des deux saints ont été confiées à la même châsse, mais placées dans deux boîtes séparées, afin de pouvoir les distinguer [1]. »

Pendant la Terreur, vers la fin de 1793, la municipalité de Saint-Marcel reçut l'ordre de livrer

---

[1] Extrait du cartulaire de l'église de Saint-Marcel. Le P. Perry se trompe gravement, lorsqu'il écrit dans son histoire : « Ce qui est à regretter, est la perte qui a été faite des saintes reliques de saint Agricol, saint Marcel et le roi Gontran, dont il ne nous est rien resté. » Cette assertion est matériellement fausse. Le père Giry aura probablement puisé à cette source.

les trésors de l'église et de l'abbaye. La châsse
d'argent était trop riche pour n'être pas ardemment
convoitée. Aussi fut-elle l'un des premiers objets
que réclama le tribunal révolutionnaire de Chalon.
Abandonner à la cupidité ce magnifique travail était
pénible au cœur des habitants de Saint-Marcel ;
mais ce qui les affligeait bien plus encore, c'était
de se voir enlever les reliques de leurs protecteurs
bien aimés. On retira subrepticement de la châsse
les deux boîtes qu'elle renfermait, et on les enfouit
dans l'église de la paroisse, en présence de témoins [1]. Elles restèrent pendant trois ans cachées
sous terre. Le 2 septembre 1796, on les releva du
lieu où elles avaient été cachées et on les exposa
de nouveau à la piété des fidèles, qui en regrettaient
vivement la disparition. Pierre Lesne, qui exerçait dans le canton de Saint-Marcel les fonctions
du saint ministère, renferma ces restes précieux
dans une arche en forme de tombeau, faite en
bois peint et doré en partie sur les ornements.
C'était un don de Gaspard-Lupicien Vincent, ci-
toyen de Saint-Marcel. On déposa le reliquaire au
fond de l'abside de l'église ; il était soutenu par
deux anges de grandeur colossale, portés sur des
nuages. On croirait voir ces messagers célestes

---

[1] Voir plus loin les procès-verbaux.

emporter, joyeux, leur riche fardeau et se diriger triomphants vers le paradis [1].

Huit ans étaient écoulés, lorsque Monseigneur François de Fontanges, archevêque-évêque d'Autun, se rendit à Saint-Marcel pour y administrer le sacrement de la Confirmation. En visitant l'église, il remarqua derrière le maître-autel un monument qu'on lui dit contenir les reliques de saint Marcel et de saint Agricol. Il fit descendre les deux boîtes, dans lesquelles étaient renfermés les saints ossements, et il ordonna de les ouvrir.

La première avait pour inscription : *Corpus sancti Marcelli, apostoli Cabillonensis*, et contenait : 1° Trois paquets cachetés, étiquetés, qui sont les titres originaux des ouvertures de la châsse faites à trois époques différentes, aux dates que nous avons mentionnées précédemment, plus une copie en écriture moderne de ces titres, faite par Vincent, greffier, le 2 septembre 1796, signée par Vincent et par Lesne et François Pillot, prêtres.

---

[1] Ce groupe, qui présente dans la figure des anges des formes aériennes, tant elles sont belles et légères, offre un point étonnant de perspective, vu depuis l'entrée de l'église. Il est exécuté et composé en deux blocs de pierre provenant des carrières de Givry ; c'est l'œuvre d'un célèbre Chalonnais, Boichot, notre contemporain. — L'arche vient de l'abbaye de La Ferté.

2° Une étoffe de soie cramoisie enveloppant un sac de peau, contenant des ossements, en tout conforme à la description faite dans le procès-verbal de 1673.

La seconde portait pour inscription : *Corpus sancti Agricolæ, episcopi Cabillonensis ;* elle ne possédait aucun papier, mais seulement un morceau d'étoffe de soie cramoisie, enveloppant un sac de peau, exactement semblable à celui dépeint dans le procès-verbal de 1673.

Cet examen achevé, il s'agissait de constater sûrement la manière dont ces reliques avaient échappé aux barbares de la dernière révolution. Cinq témoins, hommes notables et dignes de foi, comparurent et firent individuellement les dépositions suivantes :

« PREMIER TÉMOIN. A comparu devant nous
» *Antoine Pugeaut*, propriétaire à Saint-Marcel,
» âgé de quarante-neuf ans, lequel nous a dit que,
» lorsqu'on ordonna en 1793 de transporter la
» châsse d'argent au district de Chalon, lui, *Pu-*
» *geaut*, alors officier municipal, avec sept ou
» huit autres habitants de Saint-Marcel, avoit
» retiré de ladite châsse d'argent les deux boêtes
» ci-dessus décrites, contenant les reliques qu'il
» a bien reconnues pour être les mèmes que celles
» que nous lui avons représentées, et avoit tra-
» vaillé à les enterrer dans un endroit de l'église

» qu'il nous a montré, au-dessous d'une inscription
» qui fait mention du martyre de saint Marcel ;
» qu'autant qu'il put se le rappeler, vers l'année
» 1796, il a été présent lorsqu'on a tiré lesdites
» reliques du dépôt où elles avoient été mises, et
» qu'il a parfaitement reconnu les mêmes boêtes
» qui y avoient été déposées, et qu'elles ont été
» placées où nous les avons trouvées le 2 septem-
» bre 1796.

» SECOND TÉMOIN. A comparu *François Ca-*
» *landre*, propriétaire de la commune d'Épervans,
» âgé d'environ cinquante-deux ans, lequel a dit
» qu'il étoit officier municipal à cette époque ;
» qu'en cette qualité il fut requis de faire trans-
» porter à Chalon la châsse d'argent contenant
» lesdites reliques, et qu'il fut témoin que plusieurs
» habitants retirèrent de ladite châsse d'argent les
» deux boêtes susdites, qu'il a reconnu pour être
» les mêmes, afin de les conserver en les cachant.

» TROISIÈME TÉMOIN. A comparu *Jean Gauthey*,
» propriétaire à Saint-Marcel, âgé de trente-huit
» ans, lequel a dit qu'il étoit procureur de la
» commune à l'époque où la châsse d'argent a été
» livrée, et qu'il reconnoît lesdites caisses en bois
» pour être les mêmes qui furent retirées par plu-
» sieurs habitants et cachées en sa présence dans
» l'endroit désigné ci-dessus.

» Quatrième témoin. A comparu *Louis Girandet*, maréchal et propriétaire, âgé de quarante-six ans, lequel a dit qu'il a été employé à retirer les deux dites boêtes, qu'il a parfaitement reconnues, de ladite châsse d'argent, en forçant la serrure qui la fermoit, ce qu'il n'a voulu faire qu'en présence d'un religieux, nommé *Teissier*, de ladite maison de Saint-Marcel [1].

» Cinquième témoin. A comparu *Jean Peteault*, propriétaire à Saint-Marcel, âgé de trente-cinq ans, lequel a dit qu'en 1796 il a travaillé avec quatre autres habitants à retirer lesdites deux caisses en bois, qu'il a reconnues être les mêmes que celles que nous lui avons montrées, du lieu où elles avoient été déposées, désigné ci-dessus [2]. »

Cette enquête si sérieuse, ces affirmations si péremptoires ne laissèrent aucun doute sur l'authenticité de ces reliques. Aussi le lendemain de cette procédure, 30 avril 1804, Monseigneur de Fontanges rendit une ordonnance pour autoriser l'exposition solennelle de ces ossements sacrés.

Cinquante-deux ans après cette déclaration d'authenticité, on procéda à une nouvelle visite

---

[1] M. Teissier est mort curé de Cuisery, il y a quelques années.

[2] Extrait de l'original du procès-verbal de la visite.

canonique des corps saints. Le 7 mai 1860, M. l'abbé Bouange, d'après le désir de M. Robert, curé de Saint-Marcel, et selon l'ordre de S. G. Monseigneur de Marguerye, évêque d'Autun, Chalon et Mâcon, se transporta à l'église paroissiale de Saint-Marcel pour constater l'identité des reliques de saint Marcel et de saint Agricol. Il ouvrit d'abord le cercueil de l'apôtre du Chalonnais. Les ossements du martyr étaient déposés dans un sac de peau de daim et enveloppés d'une étoffe de soie rouge ; ils étaient presque tous brisés, une grande partie même était réduite en poussière. Cependant M. l'archidiacre de Chalon put retirer du cercueil :

1° Douze fragments de la tête ;

2° Douze fragments des côtes ;

3° Une vertèbre cervicale et un corps de vertèbre cervicale ;

4° Deux portions de corps de vertèbres et huit fragments de huit apophyses ;

5° Six fragments des omoplates ;

6° Trois fragments des os des bras ;

7° Six os des mains, dont deux entiers ;

8° Six fragments des os iliaques ;

9° Cinq fragments de fémurs ;

10° Sept fragments de tibias ;

11° Cinq fragments de péronés ;

12° L'astragale presque entier ;

13° Quatre fragments des os des pieds ;

14° Enfin une certaine quantité de poussière et de petits fragments appartenant au saint corps.

On a remarqué que plusieurs de ces ossements portent la trace du feu , d'où l'on doit conclure qu'un reliquaire, qui contenait autrefois quelques portions de ces restes sacrés, a été jeté dans les flammes par des mains sacrilèges ou a souffert par accident.

Tout étant vérifié et disposé, les quatorze collections énumérées plus haut ont été enveloppées de l'antique étoffe de soie rouge, replacées dans le sac de peau de daim et déposées dans le cercueil.

Le corps de saint Agricol était à peu près dans le même état de détérioration que celui de saint Marcel, et quelques-uns des ossements portaient aussi les traces de l'action du feu. On put néanmoins constater l'existence d'un certain nombre de parties du corps :

1° Douze fragments de la tête ;

2° Dix fragments des côtes ;

3° Sept fragments de vertèbres ;

4° Deux portions d'humérus ;

5° Une portion de radius ;

6° Une portion de cubitus ;

7° Un fragment d'omoplate ;

8° Un fragment des os iliaques ;

9° Un fragment de fémur ;

10° Le sommet d'un tibia ;

11° Un fragment de péroné ;

12° Cinq os des mains et deux des pieds ;

13° Une quantité considérable de poussière et de petits fragments, qui ont été déposés dans le sac de soie rouge, avec inscription. La procédure étant complète, les saintes reliques ont été de nouveau placées dans le cercueil d'où on les avait extraites [1].

Cette longue suite de témoignages authentiques nous fournit la certitude la plus complète, la plus absolue, que l'église de Saint-Marcel possède les restes vénérés de son auguste patron et ceux d'Agricol, le saint évêque de Chalon-sur-Saône.

« Venez, pieux fidèles, venez, nombreux et
» fervents, vous prosterner au pied des arches
» sépulcrales, dépositaires du trésor sacré dont la
» divine Providence a doté l'église de Saint-Marcel,
» et que la piété de nos pères a arraché aux fureurs
» de l'hérésie et aux déprédations sacrilèges des
» vandales du dernier siècle. Venez, nombreux

---

[1] M. Robert, curé de Saint-Marcel, a été autorisé par S. G. Mgr de Marguerye à distribuer quelques parcelles mises à part des reliques des saints Marcel et Agricol. (Voir les procès-verbaux.)

» et fervents, honorer et bénir ces illustres amis
» de Dieu, vos protecteurs et vos modèles, prêter
» une oreille attentive aux grandes leçons d'humi-
» lité, de patience, d'abnégation et de dévouement
» qui s'échappent de leurs saints ossements, et,
» avec cette foi généreuse qui enfante même les
» miracles, implorer leurs suffrages si puissants
» sur le cœur de Dieu. Invoquez la protection de
» votre glorieux patron Marcel et de notre saint
» évêque Agricol, pour la prospérité de la religion
» catholique, pour le souverain pontife, pour la
» gloire et la tranquillité de notre chère patrie,
» pour le bonheur de notre cité bien-aimée, pour
» la conversion des pauvres pécheurs, nos frères,
» et pour tout le peuple chrétien. » Daignent ces
saints protecteurs porter les vœux de nos cœurs au
trône de Dieu ! Daigne le Seigneur les exaucer !

LETTRE PASTORALE

DE

Mgr L'ÉVÊQUE D'AUTUN, CHALON ET MACON,

ANNONÇANT

La Translation solennelle des Reliques de saint Marcel, martyr, apôtre de Chalon, et de saint Agricol, évêque de Chalon.

FRÉDÉRIC - GABRIEL - MARIE - FRANÇOIS DE MARGUERYE, par la grâce de Dieu et du Saint-Siège apostolique, Évêque d'Autun, Chalon et Mâcon, Prélat assistant au Trône pontifical, etc.,

Au Clergé et aux Fidèles de l'Archidiaconé de Chalon et de Louhans, en notre diocèse, salut, paix et bénédiction en Notre-Seigneur Jésus-Christ.

Les oracles sacrés et la tradition de nos pères nous ont appris, NOS TRÈS-CHERS FRÈRES, combien doit être cher et vénérable à tout cœur vraiment chrétien le culte si fécond en miracles qui fut rendu dans tous les siècles à la dépouille mortelle des grands élus de Dieu. Culte de respect et d'amour, de bénédiction et de confiance, inspiré par les plus nobles et les plus doux sentiments, consacré par les enseignements de la foi, en même temps qu'il est la réalisation de la parole du Roi-Prophète : *Louez le Seigneur dans ses Saints*, il est pour l'âme fidèle la source des plus suaves émotions, des élans les plus généreux.

Aussi, N. T. C. F., avons-nous toujours regardé comme un des plus saints devoirs, comme une des plus précieuses consolations de notre charge pastorale, de recueillir, partout où nous avons pu les retrouver, les Restes sacrés des amis du Seigneur, vénérés autrefois dans notre diocèse, de les replacer sur les autels, d'environner d'hommages plus solennels encore ceux qui étaient honorés déjà dans nos temples, et d'enrichir de ce trésor inestimable les églises qui en avaient été privées jusqu'à nos jours.

Nous venons donc aujourd'hui avec bonheur, N. T. C. F., vous annoncer l'intention où nous sommes de célébrer cette année la Translation des Reliques du saint athlète de la foi qui apporta à vos ancêtres le flambeau de l'Evangile, et du grand évêque qui fut l'une des plus brillantes gloires de l'Eglise fondée par ce généreux martyr. Marcel et Agricol, quels souvenirs pour les fidèles de cet antique diocèse de Chalon, dont il nous a été si doux de ressusciter le titre ! Marcel et Valérien délivrés de leurs chaînes par un ange du Seigneur, sortant à sa voix de la prison où les avait jetés le persécuteur de l'Eglise naissante de Lyon, et venant rendre témoignage à Jésus-Christ d'abord par leur parole et leur sainteté, puis par l'effusion de leur sang, au milieu des populations idolâtres de Chalon et de Tournus ; quel ravissant épisode dans nos saintes annales, quelle glorieuse origine des chrétientés confiées aujourd'hui à notre sollicitude ! Agricol, pasteur béni du peuple évangélisé par le bienheureux Marcel, et plus illustre encore par sa piété et sa mortification, par ses lumières et son zèle, que par la splendeur de sa naissance ; quelle perle étincelante dans le diadème de l'Eglise chalonnaise ! Mais nous vous dirons plus en détail, dans une autre Lettre pastorale, N. T. C. F., tous ces augustes et intéressants souvenirs : aujourd'hui nous ne voulons que vous annoncer l'Exaltation solennelle des Reliques de ces saints amis de Dieu, qui furent vos pères dans la foi et qui demeurent à jamais vos modèles et vos célestes protecteurs.

Déjà, N. T. C. F., lorsque, de concert avec le vénérable Chapitre de notre Cathédrale, nous nous occupions du rétablissement de la liturgie romaine dans notre diocèse, nous avons été heureux de demander au Saint-Siège apostolique que la fête des saints apôtres de Chalon et de Tournus fût élevée au rit double de seconde classe, et de faire revivre, autant qu'il était possible, dans le nouvel office de saint Valérien, les prières touchantes et les sublimes antiennes que l'antique abbaye de Saint-Philibert avait si longtemps récitées à sa louange. Bientôt après, grâce au zèle du respectable archiprêtre de Tournus, le sarcophage où avaient reposé pendant bien des siècles les Restes bénis de saint Valérien, et que l'impiété révolutionnaire avait, hélas ! tristement profané, ce sarcophage était rendu à la magnifique basilique où il était autrefois conservé ; il était-placé avec honneur sous l'autel de la crypte vénérée qui vit tant de générations chrétiennes implorer sous ses voûtes recueillies la protection du saint martyr. Une nouvelle consolation nous était réservée, c'était de voir s'établir dans cette église si auguste par la majesté de ses souvenirs une pieuse association de fidèles spécialement consacrés au culte de l'apôtre de la contrée, et de la voir approuvée et enrichie de nombreuses indulgences par le Saint-Siège apostolique. L'heure est venue maintenant, N. T. C. F., de rappeler aussi à son ancienne splendeur, d'entourer même, s'il est possible, d'une splendeur plus éclatante encore le culte de l'ancien collègue de Valérien. La triple fraternité du sang, de l'apostolat et du martyre les avait unis sur la terre, la même gloire les couronne dans les cieux ; qu'ils soient donc l'un et l'autre préconisés et exaltés dignement ici-bas par ceux qui s'honorent d'être leurs enfants spirituels, et par l'Eglise d'Autun tout entière, si saintement fière aujourd'hui d'associer leurs noms aux noms révérés de Bénigne, d'Andoche et de Thyrse, apôtres et martyrs comme eux.

A cette fin, nous nous sommes proposé, N. T. C. F., de célébrer très-solennellement cette année, dans l'antique basilique où il repose en attendant la résurrection glorieuse, la Fête de saint Marcel et son Octave, d'y instituer à perpétuité, avec la bénédiction du Saint-Siège apostolique, la solennité de cette Octave et une Confrérie en l'honneur du saint martyr, et de demander à la bonté paternelle du Vicaire de J.-C. des privilèges particuliers pour nos provicariats de Chalon et de Louhans, en ce qui concerne sa fête. Grâces à la piété des fidèles de la paroisse sanctifiée par la prédication et les combats héroïques de cet apôtre, son corps et celui du saint évêque Agricol, conservés l'un et l'autre dans le même temple, ont échappé à la fureur des calvinistes et aux mains sacrilèges des révolutionnaires. Déposés, au commencement de ce siècle, dans de modestes cercueils, car la pauvreté de nos églises ne permettait point à cette époque d'offrir à ces Restes sacrés des arches sépulcrales plus convenables, ils ont été canoniquement enchâssés l'année dernière, grâces à la pieuse sollicitude du pasteur de la paroisse, dans des sarcophages plus dignes de ce saint dépôt, et qui demeurent placés dans le reliquaire où se trouvaient auparavant les cercueils auxquels ils ont été substitués. Mais nous avons mis à part un certain nombre des ossements des deux saints ; et nous voulons, N. T. C. F., leur offrir pour demeure une magnifique châsse qui soit un témoignage à jamais durable de votre foi reconnaissante : nous inaugurerons par cette translation et par toutes les cérémonies majestueuses qui doivent l'entourer la solennité que nous vous avons annoncée, et à laquelle, nous l'espérons, viendront prendre part plusieurs de nos vénérés collègues.

Toutes les familles et tout le clergé des provicariats de Chalon et de Louhans, nous n'en doutons point, répondront à notre appel et nous seconderont par leurs pieuses largesses dans l'œuvre sainte que nous nous sommes proposée pour la plus grande gloire *de Dieu admirable dans ses élus ;* et l'exaltation des Reliques de saint Marcel et de saint Agricol fera suite dans nos annales ecclésiastiques à la solennité à jamais mémorable que nous célébrions, il y a cinq ans, à la louange de saint Lazare et des autres illustres amis du Seigneur, dont les Restes vénérables reposent dans notre cathédrale d'Autun. Cette fête pleine de grâces et de grands souvenirs, de douces consolations, de joies célestes et d'impressions salutaires, fera revivre les traditions de ces beaux âges de la foi, où les populations accouraient en foule aux tombeaux de Marcel et d'Agricol ; et les saintes observances qui l'entoureront désormais en feront, selon l'expression sacrée, une fête monumentale pour toutes les générations à venir : *Habebitis hanc diem in monumentum, et celebrabitis eam solemnem Domino Deo vestro in generationibus vestris cultu sempiterno.* (Exod.)

A ces causes, et le saint nom de Dieu invoqué, nous avons ordonné et ordonnons ce qui suit :

ART. 1er.

Nous célébrerons solennellement cette année la fête de saint Marcel, martyr, apôtre de l'ancien diocèse de Chalon, et l'exaltation de ses Reliques et de celles du saint évêque Agricol.

Tout ce qui concerne cette solennité sera réglé et annoncé par nous dans une nouvelle Lettre pastorale.

ART. 2.

Nous exhortons le clergé et les fidèles de l'archidiaconé de Chalon et de Louhans à contribuer par leurs offrandes à l'acquisition d'une châsse gothique en cuivre doré et ornée d'émaux, destinée à recevoir les saintes Reliques.

A cette fin, une quête sera faite dans toutes les églises et chapelles de l'archidiaconé précité, qui formait autrefois le diocèse de Chalon. Cette quête aura lieu le dimanche qui suivra la lecture de nos présentes Lettres. MM. les Curés et aumôniers en remettront le produit à MM. les Archiprêtres, à la conférence du mois de juillet; et ceux-ci le transmettront immédiatement à la chancellerie épiscopale.

Nous prions nos très-chers Coopérateurs des archidiaconés d'Autun, de Mâcon et de Charolles, de nous aider aussi dans cette œuvre et d'y intéresser les âmes généreuses confiées à leurs soins.

ART. 3.

Et seront nos présentes Lettres lues et publiées dans toutes les églises et chapelles de nos provicariats de Chalon et de Louhans, le dimanche qui en suivra la réception.

Donné à Cluny, en cours de visites pastorales, sous notre seing, le sceau de nos armes et le contreseing de notre Secrétaire particulier, le dimanche de la solennité du Sacré Cœur de Jésus, 9 juin 1861.

† FRÉDÉRIC, Évêque d'Autun, Chalon et Mâcon.

Par Mandement de Monseigneur :

A LELONG, Chan. hon.,
Secrétaire particulier.

NOTA. Par sa Lettre pastorale du 29 du même mois, Monseigneur annonça que la solennité de la Translation serait différée jusqu'à l'année 1862. Quelques jours auparavant, un orage affreux avait dévasté les campagnes d'Autun; il fallait faire appel à la charité des fidèles pour subvenir aux besoins des familles que le malheur avait frappées, et la quête pour les châsses de saint Marcel et de saint Agricol devait être ajournée.

Frédéric-Gabriel-Marie-François DE MARGUERYE,
par la miséricorde divine et la grâce du Saint-Siège
apostolique, Évêque d'Autun, Chalon et Mâcon, Prélat
assistant au Trône pontifical :

A tous ceux qui verront nos présentes Lettres, salut et
bénédiction en Notre-Seigneur Jésus-Christ.

Agréant la demande qui nous en a été faite par M. l'abbé
Robert, curé de la paroisse de Saint-Marcel, près Chalon ;

Vu la Constitution apostolique *Quacumque à sanctâ sede*,
donnée le 7 décembre 1604, par le Pape Clément VIII,
d'heureuse mémoire, et relative aux pieuses associations ;

Voulant rendre de plus en plus solennel le culte de
saint Marcel, martyr, apôtre de Chalon, et espérant de
l'intercession de ce glorieux athlète de la foi les grâces les
plus abondantes pour le salut des âmes confiées à notre
sollicitude ;

Pour la plus grande gloire de Dieu, admirable dans ses
Saints,

Par ces présentes valables à perpétuité, nous érigeons
et déclarons érigée dans l'Église paroissiale de Saint-Marcel,
près Chalon, une Confrérie de fidèles de l'un et de l'autre
sexe, en l'honneur de saint Marcel, martyr, apôtre de
Chalon.

Monsieur le Curé de la paroisse précitée sera le direc-
teur de la Confrérie : il aura le droit d'y agréger les fidèles
de la paroisse et autres lieux, les inscrivant à cette fin
sur un registre spécial. Il pourra se substituer son vicaire
dans cette même fonction, s'il le juge opportun.

Les fidèles agrégés à la Confrérie réciteront tous les
jours, pieusement, le *Symbole des Apôtres*, pour honorer l'apostolat et le martyre de saint Marcel ; ils y ajou-
teront l'invocation : Saint Marcel, priez pour nous !

Nous les exhortons à s'approcher de la Table Sainte aux fêtes de saint Marcel, de saint Valérien, apôtre de Tournus, son illustre collègue; de saint Agricol, évêque de Chalon, qui repose dans son église, et de saint Gontran, roi de Bourgogne, qui fit construire en son honneur une abbaye de son nom.

Nous permettons de célébrer solennellement dans la susdite église paroissiale l'Octave de saint Marcel, avec exposition des saintes Reliques, sermon ou lecture pieuse, et Bénédiction du Très-Saint-Sacrement. Nous permettons aussi de donner la Bénédiction du Très-Saint-Sacrement aux fêtes de saint Valérien, de saint Agricol et de saint Gontran; et nous exhortons les membres de la Confrérie et les autres fidèles à assister à ce Salut solennel, accordant à perpétuité quarante jours d'indulgence à gagner chaque fois à ceux qui y assisteront pieusement.

Nous accordons à perpétuité la même indulgence, à gagner une fois par jour, aux confrères qui visiteront la dite Église de Saint-Marcel, et y réciteront trois *Pater* et *Ave* pour l'Exaltation de la sainte Église et pour les besoins du diocèse : Indulgence de trente jours aux autres fidèles, aux mêmes conditions.

Et sera notre présente ordonnance publiée dans l'Église paroissiale de Saint-Marcel, le dernier dimanche de ce mois et transcrite en tête du registre de la Confrérie; à la suite sera rédigé le procès-verbal de l'institution solennelle d'icelle. Nous demanderons subséquemment au Saint-Siège diverses indulgences pour cette pieuse association.

Donné à Autun, le vingt-un août de l'an de grâce MDCCCLXII.

† FRÉDÉRIC, Évêque d'Autun, Chalon et Mâcon.

Par Ordonnance de Monseigneur :

RIGOLLET, Ch. S.

HYMNE DE SAINT MARCEL.

Exaltez dans vos saints cantiques Marcel, le héraut de la foi, l'apôtre de nos contrées : que le ciel, que la terre chantent les combats du martyr, que le ciel, que la terre tressaillent de joie.

A peine échappé des cachots de Lyon et docile à la voix du céleste messager, il accourt ; il accourt et déjà la vérité illumine de sa bienfaisante lumière ceux qui gisent dans la sombre nuit de l'erreur.

O quelle joyeuse moisson, à mesure qu'il jette dans ces natures encore sauvages les germes sacrés de la foi, qu'il détruit leurs erreurs, qu'il les désapprend des vices, qu'il les purifie dans les saintes eaux du baptême !

Sous la houlette d'un tel pasteur, petit troupeau de fidèles brebis, tu n'as rien à craindre des ruses ou de la rage du loup ravisseur. L'infatigable sollicitude de Marcel veille autour de toi !

Si la dent du monstre sanguinaire s'attaque au pasteur lui-même, toute sa fureur viendra se briser contre une foi qui aime et s'appuie sur l'espérance, sur l'espérance dont le Christ est la vie et pour qui la mort est un gain d'un inexprimable prix.

Suprême louange dans les siècles des siècles à vous, ô Dieu, lumière de lumière et aussi source de toute lumière, à vous par qui la vérité connue pénètre dans les âmes.

Ainsi soit-il.

℣. Le Seigneur a donné à ses Apôtres. ℟. La grâce d'annoncer son Évangile avec une grande puissance.

PROSE.

Réjouis-toi, réjouis-toi, fidèle peuple de Chalon, que ta joie soit sans mesure : cette fête solennelle est celle du messager de ton salut.

O jour d'éternelle allégresse, que celui où Marcel, enlevé aux iniquités du siècle, est associé aux chœurs de la cour céleste.

Plein de mépris pour de périssables honneurs, il se joint aux hérauts du Christ, empressé de se voir couronné de fleurs teintes de son sang.

Il hésite où il portera l'effort de son zèle : le salut des Lyonnais le touche, mais il lui en coûte de laisser ses concitoyens dans l'ignorance des récompenses célestes.

Il annonce, avec une sainte audace, le divin Crucifié; la semence sacrée du Verbe fructifie par ses soins; le peuple qu'il instruit chante publiquement les louanges du Rédempteur.

En vain le démon le poursuit de sa haine; en vain lui prépare-t-il des supplices : ce n'est pas en ces lieux que la sainte victime versera son sang.

On l'enferme dans un étroit cachot; mais le ciel parle, la porte s'ouvre, et il reçoit l'ordre de prêcher de nouveau Jésus-Christ.

O Chalon, heureuse ville, tressaille de joie! voilà que sa main laborieuse va planter la croix dans les cœurs de tes habitants : félicite-les de s'être soumis au joug du Christ.

A peine entré dans tes murs, il instruit son hôte; en peu de jours il a conquis des adorateurs à Jésus; déjà l'étendard de la croix se déploie au-dessus des temples renversés.

Priscus sollicite l'envoyé du Christ à manger des viandes offertes aux idoles; mais l'inébranlable Marcel refuse de s'asseoir à ce festin impie.

Et, profitant de cette circonstance pour condamner ces détestables sacrifices et stigmatiser les dieux et leurs repas, il exhorte tous les assistants à s'enrôler sous la bannière du Dieu crucifié.

Le tyran furieux tour à tour menace et caresse. L'athlète dédaigne également ses promesses et sa colère ; nourri du corps de Jésus-Christ, il a appris à ne pas sacrifier aux idoles.

Alors le juge ordonne d'attacher Marcel à des arbres repliés vers la terre, afin qu'en se redressant ils arrachent les membres du saint.

Le soldat du Christ est aussitôt conduit au supplice, et, avec l'aide de la grâce, il ne paraît pas même ému au milieu de ces préludes du martyre.

Eh quoi, tyran, déjà ta fureur est à bout ; tu ne peux suffire à imaginer des tourments, ni à vaincre Marcel par les inventions de ta rage ?

On l'enterre enfin jusqu'à la ceinture ; on l'ensevelit vivant. C'est par cette mort atroce qu'on mettra fin à ses jours.

De si barbares funérailles n'ébranlèrent point celui dont le cœur était embrasé du feu divin. Et c'est ainsi que Marcel s'immola au Christ dans l'ardeur de son amour.

Mais, ô prodige ! à peine les os du martyr sont-ils renfermés sous les autels, qu'ils guérissent les malades animés d'une vraie foi.

Ah ! Seigneur, si vous refusez d'être propice à des pécheurs accablés du poids de leurs crimes, du moins laissez-vous fléchir par ces cendres.

O Marcel, notre puissant intercesseur, agréez nos prières, secourez ceux qui vous invoquent, afin que Dieu nous donne place parmi ses élus.

Ainsi soit-il.

ORAISON.

Collecte. O Dieu, qui dans votre ineffable miséricorde, nous avez fait don de la lumière de l'Évangile par le ministère du bienheureux Marcel, Martyr, accordez-nous, par son intercession, de marcher dans la vérité de la foi, afin que nous méritions d'arriver aux saintes clartés de notre séjour. Par.

HYMNE DE SAINT VALÉRIEN.

Que le ciel se réjouisse, que la terre applaudisse à l'envi, ce jour solennel est le jour consacré à célébrer la gloire de Valérien.

Docile au souffle de l'Esprit saint, les paroles de vie qu'il nous a léguées, il les prêcha par ses exemples, il les signa de son sang.

L'envoyé de Dieu l'ordonne, ses chaînes tombent, il s'enfuit de son cachot et vient répandre au sein de la ville de Tournus les célestes clartés de la foi.

Il fait retentir le nom du Christ : à l'instant les orgueilleuses forteresses des démons s'écroulent ; ceux que de vaines erreurs avaient trompés, les fécondes lumières de la vérité les illuminent.

Pour soumettre les esprits rebelles, il n'appelle à lui ni la puissance de l'or, ni celle des armes, ni l'art si varié de la parole ; mais il fait parler la croix et sa sublime folie.

Cette terre si sacrilègement humectée du sang de tant de victimes, il la lave de ses sueurs, il la féconde de son sang.

O cité empourprée du sang de Valérien, n'oublie jamais le héraut sacré de la foi, n'oublie jamais un si grand martyr !

Gloire au Père, gloire au Fils, gloire à vous, ô Esprit qui donnez à l'apôtre la force, au martyr la couronne. Ainsi soit-il.

PROSE.

Voici le jour qui chaque année nous ramène les même
joies dans cette même solennité où d'éternels cantiques d
louanges célèbrent les combats de Valérien.

Les portes de sa prison s'ouvrent; sur l'ordre d'un messager céleste, il en sort pour aller répandre au sein de l
ville de Tournus la lumière sacrée de la foi.

La vérité qu'il annonce avec tant d'ardeur, il ne tarder
pas, au milieu des plus horribles supplices, de la confirme
par le témoignage de son sang.

Il est attaché à un gibet, cet illustre Confesseur de l
foi ; il est déchiré avec des ongles de fer, cet impassibl
soldat du Christ.

L'amour en lui est assez généreux pour lui faire méprise
les séduisantes promesses de Priscus ; l'amour qui est for
comme la mort, lui fera braver ses menaces.

Que le glaive achève la victime : de son sang répandu va
surgir, comme d'une féconde semence, une moisson de
chrétiens.

Il ne vécut que pour le ciel, le ciel l'a couronné. Il com
battit sur la terre, la terre exalte son nom.

O Valérien, ô notre Père! ouvre à tes enfants les chemins
du ciel ton séjour, et que ta main amie les y conduise.

Fais que Tournus n'oublie jamais tes enseignements, e
que la céleste rosée de la grâce féconde le sol où ton sang
a coulé.

O toi qui nous a appris la foi, apprends-nous à vivre
conformément à Jésus-Christ, afin que nous puissions un
jour nous réjouir avec toi dans les cieux pendant les siècles
sans fin de l'éternité. Ainsi soit-il.

ORAISON.

Collecte. Dieu tout-puissant et éternel, qui avez consacré ce jour au martyre du bienheureux Valérien, faites-nous la grâce, par son intercession, à nous tous qui célébrons ses mérites, de rester constamment dans la foi qu'il a prêchée. Par.

—

ORAISON DE SAINT AGRICOL.

Collecte. Dirigez vos brebis, Seigneur, dans cette voie du salut éternel que votre bienheureux Confesseur et Pontife Agricol a enseignée par sa vie comme par sa doctrine ; et faites que, aidés de ses suffrages, nous marchions sur ses traces, afin de mériter d'être couronnés avec lui. Par.

—

ORAISON DE SAINT GONTRAN.

Dieu tout-puissant qui ne rejetez jamais les prières des cœurs pénitents, exaucez les prières que nous vous adressons en mémoire de saint Gontran, à qui vous avez accordé, pour un royaume temporel perdu, tout le bonheur que nos cœurs puissent désirer. P. N. S. J.-C. qui vit et règne dans tous les siècles. Ainsi soit-il.

—

Chalon-s/S., imp. J. Dejussieu.